# GIORNO 1

Colui che padroneggia se stesso è il guerriero più grande.

Confucio

# GIORNO 2

*I due guerrieri più forti sono la pazienza e il tempo.*

*Leo Tolstoy*

# GIORNO 3

Il talento naturale senza istruzione ha portato più uomini alla virtù e alla gloria dell'istruzione senza talento naturale.

*Marco Aurelio*

# GIORNO 4

Facciamo la guerra per poter vivere in pace.

*Aristotele*

*Rispetto, onestà, coraggio, rettitudine, lealtà, onore, benevolenza.*

*Yamamoto Tsunetomo*

*La strategia senza tattica è la via più lunga verso la vittoria. La tattica senza strategia è il rumore di fondo prima della sconfitta.*

*Sun-Tzu*

La morte non è nulla, ma vivere sconfitti e ingloriosi
vuol dire morire ogni giorno.

*Napoleone Bonaparte*

# GIORNO 8

*Un uomo astuto come un serpente, può permettersi di essere innocuo come una colomba.*

*Proverbio Cheyenne*

# GIORNO 9

*Ricorda, non hai altro compagno al di fuori della tua ombra.*

*Genghis Khan*

# GIORNO 10

Un guerriero deve preoccuparsi unicamente che il
suo spirito non venga mai spezzato.

Chozan Shissai

*La grandezza non cosiste nel ricevere onori, ma nel meritarli.*

*Aristotele*

# GIORNO 12

*Nel vuoto non c'è malvagità, solo virtù, saggezza e onore. Questa è la via.*

*Miyamoto Musashi*

# GIORNO 13

Nessuno nasce guerriero, tutti lo diventano.

*Proverbio Arabo*

# GIORNO 14

L'uomo armato di un piccolo coltello deve provare
e provare ancora.

*Vapnfirðinga Saga*

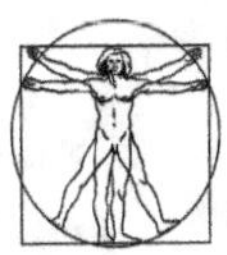



*Il saggio fa all'inizio, ciò che lo sciocco fa alla fine.*

Niccolò Machiavelli

# GIORNO 16

*Lascia che i tuoi piani siano oscuri e imperscrutabili come la notte e, quando agisci, colpisci con la potenza di un tuono.*

*Sun-Tzu*

In tempo di guerra, le leggi tacciono.

Cicerone

*Su cento uomini, dieci non dovrebbero trovarsi sul campo di battaglia, ottanta sono bersagli, nove combattenti e affronteranno la pugna. Uno è un vero guerriero e porterà gli altri indietro sani e salvi.*

Eraclito

La distanza tra cielo e terra non è più grande di un pensiero.

*Proverbio Mongolo*

*Se non controlli il nemico, il nemico controllerà te.*

*Miyamoto Musashi*

*Nulla  che non sia compiuto ha un valore.*

*Genghis Khan*

# GIORNO 22

Colui che vive in armonia con se stesso, vive in armonia con l'universo.

*Marco Aurelio*

# GIORNO 23

Anche la spada migliore, se immersa in acqua salata, arruginirà.

*Sun-Tzu*

*Ciò di cui non hai bisogno, ti ucciderà.*

*Proverbio Tuareg*

# GIORNO 25

*Il cielo non può ospitare due soli, nè la terra due padroni.*

*Alessandro il Grande*

# GIORNO 26

Si diventa forti superando la sconfitta e
trasformando perdita e fallimento in successo.

Napoleone Bonaparte

Se le orecchie del lupo sono in vista, le zanne non sono lontane.

*Volsunga Saga*

# GIORNO 28

Sii gentile con chiunque incontri, tutti stanno
combattendo una dura battaglia.

*Platone*

 # GIORNO 29

*Ciò che deve stare più a cuore ad un guerriero è raggiungere il proprio obiettivo, ogni istante di ogni giorno.*

Yamamoto Tsunetomo

*Agire nel modo giusto è meglio che possedere il sapere, non si può, tuttavia, agire correttamente se non si ha sa che cosa sia giusto.*

Carlomagno

Colui che mostrà pietà verso gli sconfitti, vince due volte.

*Giulio Cesare*

# GIORNO 32

*Se conosci te stesso, ma non il nemico, ad ogni vittoria subirai una sconfitta.*

*Sun-Tzu*

*La canna che si piega alla forza del vento, tornerà eretta, una volta che la tempesta sarà passata.*

*Esopo*

*Non si può mai essere tanto abili quanto realmente serve.*

*Confucio*

*Il coraggio porta alle stelle, la paura alla morte.*

*Seneca il Vecchio*

*Il martello che spezza il vetro, forgia l'acciaio.*

*Proverbio Assiro*

*Nessun è invincibile, e dunque nessuno può comprendere ciò che può rendere invincibili.*

*Miyamoto Musashi*

*Molteplicità di consigli, unità di comando.*

*Ciro il Grande*

# GIORNO 39

*Una volta che una decisione è presa, bisogna attenervisi, senza "se" o "ma".*

*Napoleone Bonaparte*

*Niente al mondo è più arrendevole dell'acqua,
eppure nulla è più potente quando si abbatte
contro ciò che è duro e forte.*

*Lao-Tzu*

# GIORNO 41

*Senza addestramento, non c'è conoscenza, senza conoscenza, manca la fiducia in se stessi, senza fiducia, non c'è vittoria.*

*Giulio Cesare*

*La grandezza è determinata dalle azioni, non dal rango.*

*Chanakya*

*Un guerriero è senza valore, a meno che non si erga sopra gli altri per resistere alla forza di una tempesta.*

*Yamamoto Tsunetomo*

*Meglio avere poco tuono in bocca e molto fulmine nella mano.*

*Proverbio Apache*

# GIORNO 45

_Comportiamoci in modo tale che tutti gli uomini desiderino esserci amici e temano di averci come nemici._

_Alessandro il Grande_

La suprema arte della guerra consiste nel sottomettere il nemico, senza combattere.

*Sun-Tzu*

*Tutti hanno qualche amico, anche tra i propri avversari.*

*Olaf Haraldsson Saga*

Niente può fermarti o trattenerti, perchè la tua volontà è sempre sotto il tuo controllo.

Epitteto

*Persegui ciò che hai di più caro e china la testa solo di fronte ad un alta montagna.*

*Proverbio Maori*

Ascolto e dimentico, vedo e ricordo, agisco e comprendo.

Confucio

*Una grande ambizione è il tratto distintivo di un grande personaggio. Chi ne è dotati può compiere azioni grandi o terribili. Tutto dipende dai principi che lo guidano.*

Napoleone Bonaparte

Non è il giuramento che rende l'uomo credibile, ma l'uomo il giuramento.

*Eschilo*

# GIORNO 53

*Nulla ci accade che, per natura, non siamo capaci di affrontare.*

*Marco Aurelio*

Oggi la vittoria su te stesso, domani su uomini inferiori.

Miyamoto Musashi

# GIORNO 55

*Le azioni dipendono dall'uso delle gambe, e se ci vengono scagliate frecce, ci sono gambe dietro queste.*

*Proverbio Masai*

*Non esiste una strada facile che porti dalla terra al cielo.*

*Seneca il Giovane*

Temi la capra da davanti, il cavallo  da dietro e
l'uomo da tutti i lati.

*Proverbio Assiro*

Per comprendere il tuo avversario, mettiti nei suoi panni e pensa dal suo punto di vista.

Miyamoto Musashi

# GIORNO 59

Colui che desidera combattere, deve prima
conoscerne il prezzo.

*Sun-Tzu*

*Invoca la distruzione e libera i mastini della guerra!*

*William Shakespeare*

*Una battaglia è vinta da coloro che sono determinati a vincerla.*

*Leo Tolstoy*

*Vai in battaglia fermamente convinto della vittoria e
tornerai a casa senza ferite di sorta.*

Kenshin Uesugi

*I fatti parlano da soli.*

*Demostene*

*Riempi la ciotola fino all'orlo e verserà il suo contenuto. Continua a affilare il coltello e si smusserà.*

*Lao-Tzu*

La vittoria è sempre facile. Bisogna solo impegnarcisi
un po', sopportare un po', avere sempre fiducia e
non rinunciare mai.

*Seneca il Vecchio*

*Le azioni di un uomo sono spesso peggiori delle sue intenzioni.*

*Hrafnkel Freysgothi Saga*

*Cadi sette volte, rialzati otto volte.*

*Proverbio Giapponese*

---

*È un errore comune andare in battaglia, iniziando dal verso sbagliato, agire troppo presto e attendere il fallimento per poi discuterne.*

*Tucidide*

 # GIORNO 69

*Se desideri controllare gli altri, prima controlla te stesso.*

*Miyamoto Musashi*

*Nulla è più difficile e di maggiore valore che avere la capacità di prendere decisioni.*

*Napoleone Bonaparte*

La forza di un muro è pari al coraggio degli uomini
che lo difendono.

*Proverbio Mongolo*

*Una volta che lo scontro è iniziato, se ti soffermi a pensare su come agire, verrai abbattuto dal tuo avversario al suo prossimo colpo.*

*Yagyu Munenori*

Per godere dell'arcobaleno, impara a gestire la pioggia.

Augusto

*Il guerriero debole che indossa sandali, sconfigge quello forte con una spina nel piede.*

*Proverbio Nigeriano*

*Il coraggio non si sviluppa vivendo felicemente la propria vita di tutti  giorni, ma affrontando le avversità in tempi difficili.*

*Epicuro*

Non amo la morte, tuttavia ci sono cose che amo
meno della morte e che mi rendono impossibile
evitare il pericolo in tutte le occasioni.

*Mencio*

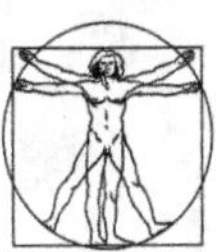



*Non pensare mai in piccolo, perchè i progetti insignificanti non hanno il potere di eccitare il sangue degli altri.*

*Niccolò Machiavelli*

*Le aquile dovrebbero mostrare gli artigli anche nel momento della morte.*

*Olaf Haraldsson Saga*

# GIORNO 79

*Puoi sapere che cosa dirai, ma mai cosa ti verrà detto.*

*Proverbio Masai*

*L'unica ragione di vita di un guerriero è combattere,
l'unica ragione per cui si combatte è vincere.*

*Miyamoto Musashi*

*Il più detestabile dei mali è conoscere la verità e non poter fare nulla per cambiare gli eventi.*

*Erodoto*

Un vero guerriero, come il té mostra il suo valore
quando l'acqua è bollente.

*Proverbio Cinese*

# GIORNO 83

La calma, non l'abilità, sono il tratto distintivo di un guerriero maturo.

*Tsukahara Bokuden*

*L'auto-controllo è ciò che garantisce il rispetto per se stessi, e il rispetto per se stessi è la base del coraggio.*

*Tucidide*

*Non importa se il nemico conta migliaia di uomini,
c'è soddisfazione anche solo nel fronteggiarli ed
essere determinato ad abbatterli tutti, cominciando
da un punto qualsiasi.*

Yamamoto Tsunetomo

*Se provi paura, non agire, se agisci, non provare paura.*

*Genghis Khan*

*Richiede molto più coraggio soffrire, che morire.*

*Napoleone Bonaparte*

*Grandi imprese e azioni terribili spesso cadono l'una nell'ombra dell'altra.*

*Gisli Sursson Saga*

La grandezza di un capo si misura grazie alla volontà di accettare sfide formidabili. Raggiungere obiettivi impossibili richiede un impegno fuori dal comune: rischiare tutto per vincere tutto.

*Toyotomi Hideyoshi*

*Non mostrare al falco il tuo arco, o volerà via.*

*Proverbio Masai*

Un uomo che non pianifica in anticipo, troverà le difficoltà davanti alla porta di casa.

*Confucio*

*Il pericolo risplende come il sole, negli occhi di un uomo coraggioso.*

*Euripide*

*Fa' risuonare il tamburo di guerra, solo quando sei pronto a combattere.*

*Proverbio Africano*

*Puoi abbandonare il tuo corpo, ma non il tuo onore.*

*Miyamoto Musashi*

*È più difficile organizzare la pace che vincere la guerra, ma i frutti della vittoria andranno persi se la pace è mal gestita.*

*Aristotele*

In guerra, i forti rendono schiavi i deboli, in pace, i ricchi rendono schiavi i poveri.

Oscar Wilde

# GIORNO 97

*Chi ama il mio nemico farà da fodero alla mia spada.*

*Proverbio Tibetano*

Trova unua via o creane una.

*Seneca il Giovane*

*Non tutte le luci sono il sole.*

*Alessandro il Grande*

*Quando il mondo è in pace, il gentiluomo tiene la sua spada al fianco.*

Wu-Tsu

La libertà risiede nelle mani di coloro che hanno il coraggio di difenderla.

*Pericle*

*I deboli sono carne, i forti li divorano.*

*Proverbio Giapponese*

# GIORNO 103

L'unica difesa contro l'adulazione è far capire alla
gente che la verità non ti offende.

Niccolò Machiavelli

*La via del guerriero si basa su senso di umanità, amore e sincerità. L'essenza del valore marziale consiste in coraggio, saggezza, amore e amicizia. Enfatizzare le abilità fisiche è futile, poiché la forza del corpo non dura in eterno.*

Morihei Ueshiba

Prendetevi il tempo per pianificare, ma quando arriva il momento dell'azione, non indugiate oltre e agite.

*Napoleone Bonaparte*

*Gli uomini dotati di maggior coraggio sono coloro che sanno esattamente cosa hanno dinanzi e lo affrontano, indipendentemente che si tratti di pericolo o gloria.*

*Tucidide*

Anche se i cieli fossero più bassi dell'altezza delle mie ginocchia, non mi piegherei.

Ciro il Grande

*Non combattere un leone armato solo di un bastoncino.*

*Proverbio Masai*

*Fa' che il tuo passo sia lento e sicuro, e non inciamperai.*

Ieyasu Tokugawa

Il difficile non è morire per un amico, ma trovare un amico per cui valga la pena morire.

Omero

*Consuma la tua colazione da solo, il pranzo con i tuoi amici, ma appronta la cena per i nemici.*

*Proverbio Russo*

Pensa a te stesso con leggerezza, e con profondità
al mondo.

*Miyamoto Musashi*

# GIORNO 113

> *I guerrieri vittoriosi prima vincono la battaglia e poi la affrontano, gli sconfitti vanno prima in battaglia e poi cercano di vincere.*
>
> *Sun-Tzu*

*Non vi è differenza tra la strada che sale e quella che scende.*

*Eraclito*

*Gli uomini coraggiosi gioiscono nelle avversità, esattamente come i guerrieri coraggiosi trionfano in guerra.*

*Seneca il Giovane*

La via del guerriero consiste nella risoluta accettazione della morte.

*Miyamoto Musashi*

L'asta della freccia è impennata con le piume dell'aquila. Spesso forniamo ai nostri nemici i mezzi per distruggerci.

Esopo

Coloro che sono lontani dal campo di battaglia si vantano sempre delle proprie spade.

*Proverbio Curdo*

*Quando smetto di essere ciò che sono, divento ciò che potrei essere.*

*Lao-Tzu*

# GIORNO 120

*Non si può attraversare l'oceano se non si ha il coraggio di perdere di vista la costa.*

*Christoforo Colombo*

Non si raggiunge mai il livello delle proprie aspettative, si scende a quello del proprio addestramento.

Archiloco

Ciascuno di noi possiede tutto ciò di cui necessita
per diventare grande.

*Corvo*

# GIORNO 123

*La via del guerriero si realizza in presenza della morte. Ciò significa scegliere la morte ogni volta che c'è una scelta tra la vita e la morte.*

*Yamamoto Tsunetomo*

# GIORNO 124

*Il nostro merito più grande non consiste nel non cadere mai, ma nel rialzarci in piedi ogni volta che cadiamo.*

*Confucio*

*È meglio essere saggi e non sembrarlo, che non esserlo e apparire tali.*

Platone

*Non conviene combattere troppo spesso con lo stesso nemico o imparerà tutta la nostra arte bellica.*

*Napoleone Bonaparte*

*Nella casa di un codardo tutti si soffermano a guardare la tomba del valente guerriero del passato.*

*Proverbio Africano*

Quando la saggezza entra in gioco, l'uso della forza diventa superfluo.

*Erodoto*

*Chi è coraggioso è libero.*

*Seneca il Giovane*

# GIORNO 130

Concentrati sull'unico vero scopo.

*Motto Giapponese*

Uniti si vince, divisi si perde.

*Esopo*

*Se si impara l'arte di respirare, si possiederà la saggezza, il coraggio e la forza di dieci tigri.*

*Detto Cinese*

# GIORNO 133

Quando uomini di poco valore intraprendono grandi azioni, le riducono sempre al livello della propria mediocrità.

Napoleone Bonaparte

*Conosci il tuo nemico, conosci la sua spada.*

*Miyamoto Musashi*

*È la via che crea il guerriero. Ogni sentiero conduce
alla pace, ogni scelta alla saggezza e la vita sarà
sempre svelata attraverso il mistero.*

*Socrate*

*Ciascuno di noi deve saper costruire le proprie frecce.*

*Proverbio Winnebago*

*Sii consapevole e grato delle doti che possiedi e ricorda quanto desideresti averle se ne fossi privo.*

*Marco Aurelio*

Non bisogna temere i propri nemici perché tutti
ciò che possono fare è attaccarci. Non bisogna
temere i propri amici perché al massimo possono
tradirci. È necessario, invece, avere molta paura di
chi è indifferente.

*Proverbio Assiro*

*Osserva prima con la mente, poi con gli occhi e infine con il corpo.*

*Yagyu Munenori*

*La vittoria è riservata a coloro che sono disposti a pagarne il prezzo.*

*Sun-Tzu*

*Coloro le cui menti sono meno sensibili al pericolo e le cui mani più pronte ad affrontarlo, sono gli uomini più coraggiosi.*

Tucidide

*Lascia che l'onore sia per noi un obbligo tanto vincolante quanto la necessità lo è  per gli altri.*

*Plinio il Vecchio*

*Il primo colpo è metà della battaglia.*

*Proverbio Cinese*

Sono le circostanze a governare gli uomini, non gli uomini le circostanze.

Erodoto

*La vittoria arride al più perseverante.*

*Napoleone Bonaparte*

Coraggio! Quando la sofferenza raggiunge l'apice,
è di breve durata.

Eschilo

# GIORNO 148

Il vero guerriero è colui che sacrifica se stesso per il bene degli altri.

Toro Seduto

Nel profondo sono un guerriero.

Friedrich Nietzsche

*I cani abbaiano contro quello che non capiscono.*

Eraclito

Il fuoco mette alla prova l'oro, le avversità l'uomo.

*Seneca il Giovane*

*Preferisco di gran lunga un uomo di buon carattere ad uno ricco. Meglio avere un uomo senza denaro, che il denaro senza un uomo.*

*Temistocle*

*Conosci l'onore, ma mantieni l'umiltà. Sii la valle dell'universo ed essendo la valle dell'universo, sempre verace e piena di risorse, potrai tornare allo stato grezzo del blocco di pietra mai intaccato.*

*Lao-Tzu*

*Nella vita di tutti i giorni fa della postura da combattimento, la tua postura naturale.*

*Miyamoto Musashi*

Prima di tutto, sii armato.

Niccolò Machiavelli

*Ci vuole meno coraggio a criticare le decisioni degli altri che a difendere le proprie.*

*Attila*

L'eccesso di preparazione avversa l'intuizione.

*Napoleone Bonaparte*

# GIORNO 158

Infastidisci un'ape e ti assalirà con la potenza di un drago.

*Takeda Shingen*

*Esistono molti mondi ed io deve ancora conquistare il primo.*

*Alessandro il Grande*

*Prima di ingaggiare battaglia, pianifica la ritirata.*

*Proverbio Cinese*

*Non temere la morte, perchè la nostra ora è già segnata e nessuno può sfuggirvi.*

*Volunga Saga*

*Mille giorni per imparare, diecimila per raffinare.*

*Miyamoto Musashi*

Una mezza verità è peggiore di qualunque bugia,
perché può essere sempre parzialmente difesa.

*Solone*

*Il segreto di qualunque vittoria consiste
nell'organizzare ciò che non è ovvio.*

*Marco Aurelio*

È difficile accettare con abnegazione i propri limiti e debolezze.

Yamamoto Tsunetomo

*Non sempre le cose grandi sono buone, ma tutte le cose buone sono sempre grandi.*

Demostene

# GIORNO 167

Colui che conosce quando combattere e quando
non farlo, sarà vittorioso.

*Sun-Tzu*

Tutti gli uomini sono uguali, ma i migliori tra loro sono quelli che sono stati addestrati nel modo più duro.

*Tucidide*

*Quando sei nato, hai pianto e il mondo ha gioito. Vivi la tua vita in modo tale che quando morirai, il mondo pianga e tu gioisca.*

*Proverbio Cherokee*

*Pratica le arti marziali in modo che possano essere utili in qualsiasi momento e insegnale in modo che lo siano in tutte le cose.*

*Miyamoto Musashi*

Colui che deve meno alla fortuna è nella posizione più sicura.

Niccolò Machiavelli

Meglio vivere o morire una volta per tutte, piuttosto che morire poco a poco.

Omero

Chi conosce gli altri è saggio, chi conosce se stesso
è illuminato.

*Tao Te Ching*

*Piccole opportunità presagiscono grandi imprese.*

*Demostene*

*Non fidarti mai del sorriso del tuo nemico.*

*Detto Babilonese*

# GIORNO   176

*I nemici dell'uomo non sono demoni, ma esseri umani come lui.*

*Lao-Tzu*

*Quando la battaglia ruggisce nelle nostre orecchie,
allora bisogna agire come se fossimo tigri.*

*William Shakespeare*

Il carattere è destino.

Eraclito

# GIORNO 179

*Non è la morte che l'uomo deve temere, ma di non aver mai iniziato a vivere.*

*Marco Aurelio*

*Ci sono centinaia di posizione da combattimento,
ma si vince con una soltanto.*

Yagyu Munenori

*Un dito non uccide un pidocchio.*

*Proverbio Masai*

Conquistare il mondo su una sella è facile, smontare
e governarlo difficilissimo.

*Genghis Khan*

*Non scoraggiare nessuno che continua a fare progressi, non importa quanto lentamente.*

*Aristotele*

# GIORNO 184

*Ogni goccia di sudore spesa in allenamento è una goccia di sangue risparmiata in battaglia.*

*Proverbio Cinese*

*Non uscire mai di casa senza l'ascia o la spada.*
*Non puoi infatti sapere in anticipo se c'è in arrivo*
*una battaglia o presagire un combattimento.*

*Havamal*

*Il comando richiede fiducia e ottimismo. Il pessimismo è sempre una strategia perdente.*

*Toyotomi Hideyoshi*

*Sii dove non è il tuo nemico.*

*Sun-Tzu*

*Il successo dipende dall'impegno.*

*Sofocle*

# GIORNO 189

La strategia è l'arte di utilizzare il tempo e lo spazio.
Lo spazio non è mai una preoccupazione, il tempo
perso, invece, non può essere mai recuperato.

*Napoleone Bonaparte*

# GIORNO 190

*La tigre che indossa una cintura muore di fame.*

*Proverbio Mongolo*

*Un amico dubbio è peggio di un nemico certo. Fa in modo che un uomo sia l'uno o l'altro e allora saprai come affrontarlo.*

*Esopo*

Di fronte a ciò che è giusto, lasciarlo incompiuto è
una mancanza di coraggio.

Confucio

*La cosa più importante rispetto ad un problema non è la soluzione, ma la forza che ne ricaviamo per trovarla.*

*Seneca il Giovane*

Per diventare il nemico, vedi te stesso come il
nemico del nemico.

*Miyamoto Musashi*

*Non si può far scorrere l'acqua su per una collina.*

*Proverbio Masai*

Non interrompere mai un nemico mentre sta commettendo un errore.

*Napoleone Bonaparte*

*Non quanto a lungo, ma quanto nobilmente si vive.*

*Seneca il Giovane*

La prudenza consiste nel saper riconoscere la natura degli svantaggi e accettare il minore di essi come cosa buona.

Niccolò Machiavelli

Concentrandoti su una singola foglia, non noterai l'albero. Prestando attenzione ad un singolo albero, non vedrai la montagna.

*Takuan Soho*

Il contegno è la manifestazione del potere che impressiona maggiormente gli uomini.

*Tucidide*

*La capacità è inutile senza opportunità.*

Napoleone Bonaparte

*L'onore vince sempre, è inevitabile.*

*Ishida Mitsunari*

# GIORNO 203

*Affrettati, ma con cautela.*

*Augusto*

# GIORNO 204

*Se vai a accupare il campo del tuo nemico, lui verrà ad accupare il tuo.*

*Proverbio Assiro*

*La persona che sei conta di più del posto in cui vai.*

*Seneca il Giovane*

Nessuna grande impresa è compiuta senza un grande rischio.

Erodoto

Il più grande nemico si nasconde nell'ultimo posto in cui guarderesti.

Giulio Cesare

La vita consiste nel superare la paura della morte nella propria mente. Svuota la mente, compi un azzardo e abbatti il nemico con un unico, potente colpo.

Takenaka Shigekata

*Quello che ti lasci dietro è ciò che rimane
intrecciato alla vita delle altre persone, non scolpito
su monumenti di pietra.*

*Pericle*

# GIORNO 210

Quando affronti il nemico, è meglio avere un cuore fermo, piuttosto che una spada affilata.

*Volsunga Saga*

Sconfiggere il male, non abbattere il nemico, è la vera essenza dell'arte del combattimento.

*Yagyu Munenori*

La maggior parte delle imprese raggiunge il successo grazie ad una prudente e determinata accortezza, non come risultato di un'ambizione impetuosa.

*Tucidide*

Il fine ultimo dell'arte del combattimento consiste nello sconfiggere i nostri nemici interiori ed esteriori.

*Tesshu Yamaoka*

# GIORNO 214

Vincerà colui che sta prudentemente in agguato di un nemico che non lo fa.

*Sun-Tzu*

*È possibile imparare da tutti, anche dai propri nemici.*

Ovidio

È nella natura umana prendere a calci un uomo caduto.

Eschilo

*Non sottovalutare la capacità di un nemico, grande o piccolo che sia, di levarsi, un giorno, contro di te.*

*Attila*

# GIORNO 218

*Caccia le volpi di nascosto e i lupi apertamente.*

*Seneca il Giovane*

*Chi comanda può sbagliare, ma mai essere poco chiaro.*

*Toyotomi Hideyoshi*

# GIORNO 220

*Bisogna sempre andare davanti al nemico con fiducia, altrimenti l'incertezza lo ispirerà ad agire con audacia.*

*Napoleone Bonaparte*

*Non sguainare una spada per uccidere una mosca.*

Proverbio Coreano

# GIORNO 222

*Fa' ogni cosa nella vita come se fosse l'ultima.*

*Marco Aurelio*

Colui che impara e impara senza praticare, è come chi ara e ara senza seminare.

*Platone*

*Mille guerrieri sono facili da trovare, un buon generale difficile.*

*Proverbio Cinese*

# GIORNO 225

*Un uomo che cerca di essere buono in tutte le occassioni della vita, sarà schiacciato dai molti che non lo sono mai.*

*Niccolò Machiavelli*

*Per realizzare la vera via del guerriero, conosci le cose più piccole e quelle più grandi, le più superficiali e le più profonde.*

*Miyamoto Musashi*

La sofferenza inflitta dal caos deve essere sopportata con perseveranza, quella inflitta dal nemico con coraggio.

Tucidide

*Guardati dall'uomo che non parla e dal cane che non abbaia.*

*Proverbio Cheyenne*

L'arte di vivere bene e di morire bene sono la medesima cosa.

*Epicuro*

*Chi insegna apre la porta, chi impara deve entrare di sua volontà.*

*Proverbio Cinese*

# GIORNO 231

*Mancanza di percezione, di coraggio e di vigilanza
sono tra i più grandi difetti dell'uomo.*

*Tucidide*

Gli uomini che rispondono alla fortuna con modestia
e gentilezza sono più difficili da trovare rispetto a
quelli che affrontano le avversità con coraggio.

*Ciro il Grande*

*Combatti deciso a morire e sopravviverai. Fallo con il desiderio di sopravvivere e sicuramente incontrerai la morte.*

*Uesugi Kenshin*

*Nessun amico mi ha mai reso un favore, né alcun nemico mi ha mai fatto un torto, che io non abbia ripagato pienamente.*

*Silla*

Non importa quanto lentamente tu proceda, finchè non ti fermi.

Confucio

*Coloro che mettono volontariamente il potere nelle mani di un tiranno o di un nemico, non devono stupirsi se, alla fine, questi gli si rivolta contro.*

*Esopo*

*Argomenti di grande rilevanza devono essere trattati con leggerezza, le questioni di scarsa importanza, invece, devono essere affrontate con serietà.*

*Yamamoto Tsunetomo*

# GIORNO 238

*Se vuoi qualcosa fatta bene, fattela da solo.*

*Napoleone Bonaparte*

*Siamo più spesso spaventati che feriti e soffriamo più per effetto dell'immaginazione che della realtà.*

*Seneca il Vecchio*

La vita non è così importante quando si è obbligati
a scegliere tra questa e l'integrità.

Yamamoto Tsunetomo

*Dedicarsi a grandi propositi e poi metterli da parte,
genera solo disonore.*

*Re Olaf Trygvisson Saga*

*Costruire senza pretendere, agire senza averne il credito, condurre senza interferire, questa è la più grande delle virtù.*

*Lao-Tzu*

Meglio avere un cuore saldo e sopportare la propria dose di sofferenza, che temere ciò che potrebbe accadere.

*Erodoto*

Un problema si risolve continuando a cercare soluzioni.

*Proverbio Maori*

Ciò che viene fatto bene è fatto veloce
abbastanza.

*Augusto*

*Raggiunta la fine di una via, cambia te stesso e il cambiamento ti porterà oltre.*

*I-Ching*

*Una mente focalizzata può bucare la pietra.*

*Proverbio Giapponese*

Ogni conquista dell'uomo è frutto di azzardo.

*Erodoto*

La mente indisturbata è come lo stagno di acqua tranquilla che riflette la luce della luna. Svuota completamente la mente e raggiungerai questo stato.

Yagyu Jubei Mitsuyoshi

Non sollevare il tuo arco prima di aver fissato la
freccia.

*Proverbio Russo*

Le offese possono essere perdonate, ma mai dimenticate.

*Esopo*

C'è qualcosa di incontestabilmente nobile
nell'ascoltare gli altri criticarmi quando agisco nel
modo migliore.

*Alessandro il Grande*

# GIORNO 253

*Appari debole quando sei forte, e forte quando sei debole.*

*Sun-Tzu*

Le avversità fanno emergere nell'uomo qualità che altrimenti rimarrebbero dormienti.

*Erodoto*

*Nel disegnare una strategia, vedi le cose lontane come fossero vicine, e quelle vicine come fossero distanti.*

Miyamoto Musashi

*Un male estremo richiede una cura pericolosa.*

*Guy Fawkes*

# GIORNO 257

*Un capo è un mercante di speranza.*

*Napoleone Bonaparte*

La migliore delle spade è quella lasciata nel fodero.

Proverbio Giapponese

Al mondo ci sono due tipi di persone: quelli che che vanno e fanno le cose e quelli che li seguono e li criticano.

Seneca il Giovane

*Spesso accade che chi venga ferito a morte riesca a vendicarsi.*

*Storia di Hreidar lo Sciocco*

# GIORNO 261

*Quando due tigri si affrontano, una certamente rimarrà ferita.*

*Proverbio Cinese*

Ricordate che dalla condotta di ciascuno dipende
la sorte di tutti.

*Alessandro il Grande*

*Impossibile è una parola che si trova solo nel vocabolario degli sciocchi.*

*Napoleone Bonaparte*

*Bisogna comprendere che esiste più di un sentiero per raggiungere la vetta di una montagna.*

*Miyamoto Musashi*

*Coloro che sanno pensare, ma non possono esprimere ciò che pensano, pongono sé stessi al livello di quelli che non sono in grado di pensare.*

*Pericle*

*Il pericolo più grande non consiste nell'avere obiettivi tanto alti da non poterli raggiungere, ma di averne di bassi e realizzarli.*

*Michelangelo*

Un grande guerriero combatte secondo le proprie regole o non combatte affatto.

*Sun-Tzu*

*Gli uomini capaci di pensare con spirito critico saranno visti come cospiratori, quelli lungimiranti come codardi, e quelli rudi come veri guerrieri.*

*Takeda Shingen*

*I saggi discutono di idee, gli intellettuali di fatti e la gente comune di ciò che ha mangiato.*

*Proverbio Mongolo*

*Colui che vuole la pace deve essere pronto alla guerra.*

*Claudio*

Lo spirito è la spada, l'esperienza la cote.

*Proverbio Arabo*

*Puoi solo combattere nel modo in cui pratichi.*

*Miyamoto Musashi*

*Se hai due tozzi di pane, mangia il primo per nutrire il corpo e vendi il secondo per comprare un giacinto e nutrire lo spirito.*

*Erodoto*

*Non sai mai quanto potrai volare lontano, finchè non ti libri nell'aria ad ali spiegate.*

*Napoleone Bonaparte*

*Una buona difesa può impedire al nemico di batterti, ma per sconfiggerlo dovrai per forza passare all'offensiva.*

*Sun-Tzu*

*Chiunque deve saper decidere nello spazio di sette respiri.*

Yamamoto Tsunetomo

*Le cose difficili da sopportare sono dolci quando vengono ricordate.*

*Seneca il Giovane*

*Combatti i nemici sul campo di battaglia ed evita di venire bruciato vivo nella tua casa.*

*Volsunga Saga*

Sappi usare le parole quando parli e sii un uomo d'azione quando agisci.

Omero

*È facile proteggersi da una spada sguainata,
difficile guardarsi da una freccia nascosta.*

*Proverbio Cinese*

*Per conoscere mille cose, imparane bene una.*

*Miyamoto Musashi*

Chiunque può arrabbiarsi: è facile. Ma essere arrabbiato con la persona giusta, alla giusta intensità, al momento giusto, per il giusto scopo, e nel modo giusto, non è nella capacità di tutti.

*Aristotele*

Un uomo preda della rabbia è doppiamente furioso
con se stesso quando torna alla ragione.

*Publilio Siro*

Non prendere in prestito la forza altrui, e non affidarti neppure alle tue stesse forze, cancella, invece, i pensieri sul passato e sul futuro, rinunciando a vivere prigioniero nella vita di ogni giorno. Allora la via si aprirà maestosa davanti ai tuoi occhi.

Yamamoto Tsunetomo

Imperturbato, sprezzante e oltraggioso, è così che la saggezza ci vuole, perché è femmina e non ama nessuno che non sia un guerriero.

Friedrich Nietzsche

*Fa parte della natura umana odiare l'uomo che si
ha ferito.*

*Tacito*

*Lo scopo ultimo delle arti marziali è di non doverle usare mai.*

*Miyamoto Musashi*

*Se conosci te stesso e non il tuo nemico, allora sei certamente in pericolo.*

*Sun-Tzu*

Dieci guerrieri sapientemente guidati ne batteranno cento senza una guida.

Euripide

# GIORNO 290

*È a causa dell'uomo che portiamo spade.*

*Proverbio Tshi*

# GIORNO 291



Non osiamo perché le cose sono difficili, le cose
sono difficili perché non osiamo.

*Seneca il Giovane*

In quanto guerriero, devo rinforzare il mio carattere,
in quanto essere umano, perfezionare il mio spirito.

Yamaoka Tesshu

# GIORNO 293

*Quante cose apparentemente impossibili sono state compiute da uomini risoluti che non avevano altra alternativa se non la morte.*

*Napoleone Bonaparte*

*La speranza è sempre un lusso. Ha molto più senso essere preparati.*

*Tucidide*

 GIORNO 295

*Uno spirito attivo è uno spirito sano.*

Proverbio Maori

*Quando incontriamo persone di valore, dovremmo cercare di eguagliarle, quando vediamo persone di spirito contrario al nostro, dovremmo guardare dentro noi stessi ed esaminarci.*

Confucio

*Il codardo definisce il coraggioso avventato,
l'incauto lo chiama codardo.*

*Aristotele*

# GIORNO 298

Non deviare mai dalla via.

Miyamoto Musashi

La migliore vendetta consiste nell'essere diversi da coloro che ci hanno offeso.

*Marco Aurelio*

*L'uomo forte è colui che è in grado di intercettare a piacimento la comunicazione tra i sensi e la mente.*

Napoleone Bonaparte

La via è a portata di mano, eppure viene cercata lontano, esattamente come ciò che è facile è spesso ritenuto difficile.

*Mencio*

Gli abili guerrieri prendono posizione su un terreno che gli garantisce la vittoria, e non trascurano mai le condizioni esterne che portano alla sconfitta del nemico.

Sun-Tzu

La fortuna è la più grande delle benedizioni, ma il buon consiglio deve seguire immediatamente. La sua mancanza, infatti, distrugge anche la buona sorte.

Demostene

*Meglio combattere e cadere che vivere senza speranza.*

*Volsunga Saga*

*Lasciamo che le spade decidano dove la parola ha fallito.*

*Proverbio Arabo*

*Quando circondi un esercito, lasciagli sempre una via di fuga. Non pressare mai un nemico disperato con forza eccessiva.*

*Sun-Tzu*

*Meglio non fare nulla che fare male.*

*Plinio il Vecchio*

In tutte le cose valuta il fine.

Solone

# GIORNO 309

Va' oltre l'amore e il dolore, esisti per il bene
dell'uomo.

*Miyamoto Musashi*

L'arte di vivere assomiglia più a una lotta che a una danza.

Marco Aurelio

# GIORNO 311

*Nel mondo esistono due forze: la spada e lo spirito.
Lo spirito ha sempre sconfitto la spada.*

*Napoleone Bonaparte*

# GIORNO 312

*Sii sempre il capo, e mai il signore.*

Lao-Tzu

*L'eccellenza morale nasce dall'abitudine.
Diventiamo giusti compiendo atti giusti, misurati
con azioni misurate, coraggiosi agendo
coraggiosamente.*

*Aristotele*

Il bocciolo di ciliegio tra i fiori, il guerriero tra gli uomini.

*Proverbio Giapponese*

Possiedo una grande abilità, quella di ferite crudelmente coloro che mi hanno fatto del male.

*Archiloco*

Le mie parole appartengono a me solo. Le mie azioni sono i miei ministri.

Carlo II

*Se permetti agli altri di usarti per i tuoi scopi, ti utilizzeranno anche per loro.*

*Esopo*

Prima di dare un'opinione ad una persona, giudica bene se è disposta ad accettarla.

*Yamamoto Tsunetomo*

Prima di intraprendere un viaggio di vendetta,
scava due fosse.

Confucio

# GIORNO 320

*Getta via le preoccupazioni quando ti togli i vestiti per la notte.*

*Napoleone Bonaparte*

Rifiuta di sentirti ferito e la ferita stessa scomparirà.

Marco Aurelio

*Saggio nel decidere, paziente nell'agire.*

*Omero*

Anche se sei certo di perdere, reagisci.

Yamamoto Tsunetomo

*Un lupo affamato è pronto ad una dura battaglia.*

*Laxdaela Saga*

Ogni nuovo inizio nasce dalla fine di un altro inizio.

Seneca il Vecchio

*È un pessimo piano, quello che non permette modifiche.*

Publilio Siro

*Quando uno scontro è tra pari, non provo paura.*

*Eschilo*

*Il maestro è l'ago, l'allievo il filo.*

*Miyamoto Musashi*

*Non temo un esercito di leoni guidato da una pecora,  ma uno di pecore guidato da un leone.*

*Alessandro il Grande*

*Ridi dei tuoi problemi, tutti gli altri lo fanno.*

*Seneca il Giovane*

L'onore non fa ottenere il potere, ma vince il rispetto. E il rispetto fa guadagnare potere.

*Ishida Mitsunari*

*Il momento più pericoloso di una battaglia giunge con la vittoria.*

*Napoleone Bonaparte*

*Avere la conoscenza ma non il potere di esprimerla è come essere privi di idee.*

Pericle

Quando è ovvio che gli obiettivi non possono essere raggiunti, non modificare gli obiettivi, ma le azioni che servono per ottenerli.

*Confucio*

*L'impegno permette a coloro che non possiedono nulla di superare quelli con privilegi e posizioni.*

*Toyotomi Hideyoshi*

*Quando ti alzi al mattino, pensa a quale prezioso privilegio è l'essere vivi, respirare, pensare, godere, e amare.*

*Marco Aurelio*

*Anche uno stupido troll dovrebbe essere avvertito
che è in errore, se siede nudo accanto ad un fuoco.*

*Heitharvega Saga*

*Veloce come il vento, silenzioso come una foresta, aggressivo come il fuoco e immobile come una montagna.*

*Proverbio Giapponese*

*La violenza, anche se guidata da buone intenzioni,
si ritorce sempre su se stessa.*

*Lao-Tzu*

È affrontando il più grande dei pericoli, che si ottiene la gloria maggiore.

*Tucidide*

*Tutti gli uomini sono uguali eccetto che per la fiducia in loro stessi, indipendentemente da ciò che pensano gli altri.*

*Miyamoto Musashi*

# GIORNO 342

*Quando un uomo e pronto a mettere in gioco la propria vita, diecimila avversari non possono fermarlo.*

*Proverbio Cinese*

Un uomo morto non morde.

Pompeo

*Possiamo presumere, non prevedere.*

*Napoleone Bonaparte*

Nessuna bestia è più selvaggia dell'uomo quando
possiede il potere di eguagliare la propria rabbia.

*Plutarco*

Un guerriero usa uno stuzzicadenti anche se non ha mangiato. Dentro la pelle di un cane, fuori dalla pelle di una tigre.

Yamamoto Tsunetomo

*L'uomo, il cui carattere le avversità non hanno mai testato, è il più infelice, perché non ha mai potuto dar prova di se stesso.*

*Seneca il Giovane*

*In momenti terribili, i forti hanno bisogno anche dei deboli.*

*Esopo*

È difficile catturare un cucciolo di lupo senza portarsi dietro l'intero branco.

*Proverbio Mongolo*

*Grandi risultati possono essere ottenuti con l'impiego di forze limitate.*

*Sun-Tzu*

*Meglio morire in piedi che vivere in ginocchio.*

*Pericle*

*Passo dopo passo, percorri la via lunga mille miglia.*

*Miyamoto Musashi*

*La verità è sempe la prima vittima di guerra.*

*Eschilo*

*Mai dare una spada ad un uomo che non sa danzare.*

Confucio

La volontà di un guerriero dovrebbe essere unicamente di impugnare la spada e  morire.

*Kiyomasa Kato*

# GIORNO 356

*La prima virtù in un guerriero è la resistenza alla fatica. Il coraggio è solo la seconda virtù.*

*Napoleone Bonaparte*

Non ho spada, il vuoto della mente è la mia spada.

Proverbio Giapponese

Se un uomo e capace ma non vuole agire, allora è
malevolo.

Epicuro

*La conoscenza non è altro che potenziale.
Applicarla è potere, capire come e perché farlo è
saggezza.*

*Takeda Shingen*

# GIORNO 360

*Il coraggio non consiste nell'avere la forza di andare avanti, ma andare avanti, quando non se ne ha la forza.*

*Napoleone Bonaparte*

*Le nostre passioni, come l'acqua e il fuoco, sono buoni servi, ma pessimi maestri.*

*Esopo*

*Coloro che sanno come vincere sono molto più numerosi di coloro che sanno fare buon uso delle proprie vittorie.*

*Polibio*

# GIORNO 363

*Alzati presto se vuoi prendere la vita o la terra di un altro uomo. Non c'è agnello per un lupo pigro e nessuna battaglia è vinta rimanendo a letto.*

*Havamal*

*Se dominate le vostre inclinazioni e non sei stati sopraffatti da esse, avete motivo di rallegrarvi.*

*Plauto*

*Nulla può essere ottenuto senza un piano, una forza lavoro e un metodo efficace.*

*Proverbio Maori*

www.ingramcontent.com/pod-product-compliance
Lightning Source LLC
Chambersburg PA
CBHW070750240726